NOUVELLES

CHANSONS

NATIONALES ET AUTRES

d'Émile Debraux.

TROISIÈME LIVRAISON.

PRIX : 25 CENT.

PARIS.

A LA LIBRAIRIE FRANÇAISE
ET ÉTRANGÈRE,
Palais-Royal, galerie de Bois, n. 233.
1826.

QU'AVONS-NOUS DONC FAIT

LA FRANCE !

de la Sentinelle.

Aux bords rians du fertile Eurotas,
Mêlant sa voix au murmure de l'onde,
Un descendant du grand Léonidas,
Donnait l'essor a sa douleur profonde.
Ah! disait-il, quoi! la main du Français,
Toujours si prompte à calmer la souffrance,
   D'Omar protégeant les excès,
   Vient paralyser nos succès.
   Qu'avons-nous donc fait à la France,
     A la France !

Partout son nom, célèbre et respecté,
Du malheureux fait taire les alarmes;

Partout son bras défend la liberté,
Partout sa main veut essuyer des larmes;
Et cependant à nos vieux étendards,
Ce nom, ce bras, n'offrent nulle espérance!
Aux destructeurs de nos remparts,
Marseille a fourni des poignards.
Qu'avons-nous donc fait à la France,
A la France!

Quand, égarés sur des gazons fleuris,
Vous poursuivez les Grâces ou leur mère,
Vous fredonnez les refrains favoris
D'Anacréon, d'Épicure ou d'Homère:
Sur vos écrits, rivaux trop généreux,
A ces auteurs donnant la préférence,
Vous prenez exemple sur eux;
Mais nous, leurs enfans malheureux,
Qu'avons-nous donc fait à la France,
A la France!

De vieux soldats, dont le glaive brisé
N'était tombé qu'aux rives de la Loire;
De vieux soldats sans rougir ont osé
A nos bourreaux prostituer leur gloire.

Eux qui jadis, instruisant l'Univers,
Foulaient aux pieds le crime et l'ignorance,
Ils vont sourire à nos revers,
Et leur main va river nos fers.
Qu'avons-nous donc fait à la France,
A la France!

Aux bords lointains, l'Africain désormais
Ne craindra plus la mort ou l'esclavage
Pour un peu d'or, on rend libre à jamais
Des Haïtiens le malheureux rivage.
Du même sort jadis on nous flattait;
Mais Mahomet punit la tolérance.
Sur le sol qu'on nous promettait
On nous voit vendre, et l'on se tait.
Qu'avons-nous donc fait à la France,
A la France!

Lorsque la mort nous aura devorés,
Trouvant enfin nos droits plus légitimes,
Peut-être alors vous nous regretterez,
Mais le tombeau ne rend pas ses victimes
Peut-être alors vos ministres aussi,
En admirant notre persévérance,

Se diront, le cœur en souci,
Pour les laisser mourir ainsi
Qu'avaient-ils donc fait à la France,
A la France!

TAIS-TOI.

CHANSONNETTE.

Air : Camarades, buvons.

A peine avais-je atteint l'âge
Où l'on commence à penser,
Que le bedeau du village
Près de lui me fit placer :
Mon enfant, dit ce brave homme
Tu sais que pour une pomme
Le père Adam fut damné ;
Si notre grand'maman avait eu meilleur né,
Son langage,
Je le gage,
Serait resté coi.
Mon fils, pour être plus sage,
Tais-toi;   (Bis)
Pauvre petit, tais-toi.

Lorsque parfois sous l'ombrage

Tes pas iront se porter,

Quelque bruit dans le bocage

Te forcera d'écouter ;

Alors, sous la feuille humide

Glissant un regard timide,

Ce regard, jeune indiscret.

Peut-être a deux amans volera leur secret,

Du mystère

Sur l'affaire.

Veux-tu voir pourquoi

L'amour est si doux à faire?

Tais-toi;   (Bis)

Pauvre petit, tais-toi.

Si la France un jour t'appelle.

A sa voix tu répondras ;

Fallût-il quitter ta belle,

En luron tu partiras:

Mais une fois sous le casque,

Sans doute un patron fantasque

T'ennuîra, te vexera.

Ne réponds jamais rien, alors il finira.

S'il s'entête,

Te maltraite,
N'en prends nul émoi :
Le plomb fait mal à la tête.
   Tais-toi, (Bis)
Pauvre petit, tais-toi.

Quand la paix brisant tes armes
T'aura rendu citoyen,
De bien savourer ses charmes
Veux-tu savoir le moyen?
Ne dis rien des gens en place ;
Ne fais jamais la grimace
A ceux qui hantent les cours.
Pour les braver gaîment, souviens-toi que toujours
   De ministres
   Les registres
  Sont de bon aloi.
De peur d'accidens sinistres,
   Tais-toi; (Bis)
  Pauvre petit, tais-toi.

Si, pour égayer ton âme,
Tu prends épouse un beau jour,

Fais en sorte que ta femme

Ne soit reine qu'à son tour,

Car telle qui nous dorlotte

Prétend porter la culotte

Et même le caleçon.

Mais, je t'en avertis, songes-y, mon garçon

Si, précoce,

Dès la noce,

Elle a fait la loi,

Pour que ton front soit sans bosse,

Tais-toi;   (Bis)

Pauvre petit, tais-toi.

Dans la haute compagnie

Si le sort conduit tes pas,

Pour qu'on te croie un génie,

Écoute, et ne parle pas;

Ces grands seigneurs, ces altesses,

Tout bouffis de leurs richesses,

Dans leurs rêves singuliers,

Pensent être du pape au moins les moutardiers.

On adore,

On implore;

Ces grands; mais, ma foi,
Tu n'es pas si bête encore.
　　　Tais-toi;　　(Bis)
　　Pauvre petit, tais-toi.

Quand la mort viendra te dire,
Je t'attends, pauvre roquet,
Sans crier, sans la maudire,
Mets la main à ton paquet;
Ne fais pas comme tant d'autres
Qui, singeant les bons apôtres,
Nous abîment le tympan.
On sait, quand on est mort, au nez ce qui nous pend.
　　　Sans reproche,
　　　De la broche,
　　Dieu, de bonne foi,
　Ne sauve pas chat en poche.
　　　Tais toi;　　(Bis)
　　Pauvre petit, tais-toi.

LE ROI DE PORTUGAL.

CHANSONNETTE.

Air : A ma Margot, du bas en haut.

Qu'on m'blâme ou non, ça m'est égal,
Moi j'n'aim' pas le roi de Portugal.   (Bis).

Pierre, un jour, avec un' pratique
Discourant sur la politique,
S'écriait, le journal en main :
Quoi! grand Dieu, le fait est certain.
Ah! Pedro (Bis), tu perds donc la carte;
Tu parles de Charte.

De Charte! mais c'est donc une rage,
une épidermie..? ça fait frémir!—Quoi!
dit Jérôme, c'est donc bien terrible une
Charte?—Si c'est terrible, mon homme?

Figure-toi que ça dit, article premier :
Tous les, etc., Français, Portugais,
n'importe, selon le pays là ousque elle
est écrite, sont égaux devant la loi ; ce
qui fait, vois-tu, que Coco l'carreleur
d'souliers, et Guigui l'savetier, s'croyent
quasi des messieurs comme moi, qui
peux m'vanter d'être le plus fameux
brave en échoppe du faubourg Saint-
Marceau. Vrai, à présent, le petit monde
se donne tellement des airs qu'on ne
r'connaît plus les queuqu'zuns qu'ont
d'la consistance dans la bell' société, et
tout ça, mon vieux, de d'puis c'diable
d'articlé : Tous les, etc., sont égaux devant la loi : aussi j't'en fais mon billet,

Qu'on m'blâme, etc.

Comm' ça marchait dans son royaume !
Sous les palais et sous le chaume,

Le Portugais, sans dire un mot,
Tous les ans lâchait son magot.
Aujourd'hui (Bis) il ose sans honte
Demander son compte.

C'est-y pas une horreur ! des gens qui
n' s'en rapportent tant seulement pas
pour deux liards à la bonne foi des mi-
nisses ; des gens qui, parce qu'ils ont
travaillé, prétendent savoir où file l'argent qu'ils gagnent ; des gens.... y en a
même qu'ont l'front d'chipoter sur le
tarif des impositions du budget, qui
d'mandent qu'est-ce qu'on a fait d'ci ?
qu'est-ce qu'on a fait d'ça ? et les ministres qu'ont la bonhomie d'leux don_
ner des détails là-d'ssus ; il est vrai que
de temps en temps y leur content ben
des menteries, et leur font accroire que
des vessies sont des lanternes, mais c'est
égal, ils ont tort ; moi je n'répondrais

rien du tout; ça donne de mauvaises habitudes aux bavards; y n'faut pas ça. Le peuple doit payer et s'taire. Je n' connais qu'ça, et ventrebleu,

Qu'on m'blâme, etc.

Devant les noms de quatre lignes
Inclinant tous leurs fronts indignes,
Jadis ils croyaient qu'ces messieux
Étaient au moins cousins des dieux;
Maintenant (Bis) d'Adam ils prétendent
Qu'tous les homm's descendent.

C'est pourtant vrai, ces pendards-là s'mettent dans l'toupet que la meilleure noblesse est celle du cœur, et qu'un malôtru qui fait honneur à sa famille, vaut mieux qu'un grand seigneur qui fait honte à ia sienne. Pas moyen d'leux faire entendre raison; les v'la à ch'val à d'ssus, quoi; n'y a plus rien à faire;

y sont tellement butés à çà, que je suis
sûr qu'y n'fraient pas plus d'cas d'nous
qu'avons été décrotteurs d'une Altesse à
seize quartiers, que du premier lous-
tabia venu qui n'aurait jamais fréquenté
l'beau monde : aussi si jamais on m'
pince à Lisbonne, il y fera chaud; car,
vois-tu,

Qu'on m'blâme, etc.

Jadis, quand on faisait la guerre,
Empoignant le fusil d'misère,
Ça partait comm' des p'tits garçons;
A présent ça fait des façons.
Patati (Bis), faut qu'tout ça s'explique,
    Ou sans quoi, bernique.

Ah ! mon dieu, oui : y d'mandent
qu'est-ce qui l'a pondu, qu'est-ce qui l'a
couvé ? pour qui va-t-on se r'passer des
coups d'baïonnettes ? en veux-tu, en

v'là; est-ce pour ce bon M. Ibrahim Pacha, ou pour le roi de Prusse? Sous l'prétexte que c'sont eux qui gobent la dragée, y n'veulent pas se battre pour des prunes. Ah! qu' c'était bien plus gentil autrefois; comm' cà marchait! On disait aux Portugais : Allez là; ils y allaient : pif, paf, pan! v'là vingt mille têtes cassées, et au moins en mourant ils n'avaient pas la plus petite inquiétude sur le succès d'la bataille ; car ils ne savaient seulement pas pourquoi ils s'étaient battus; à la bonne heure ; c'était cà l'bon temps; mais à présent, fi donc ! n' me parle d'ça.

Qa'on m'blâme, etc.

Jadis, sans encourir un r'proche,
Des paysans vidant la poche,
Fallait voir ces bons Franciscains

Et ces braves Dominicains;
Mais d'nos jours (Bis) leur état n'rapporte
Qu'un . L' diable vous emporte!

Un pays où les moines avaient si beau jeu; un pays presque aussi heureux que l'Espagne; un pays où les nobles et les couvens avaient tout, et où la canaille aurait fini par mourir de faim.... C'est-y pas terrible! Que deviendront ces capucins qu'avaient fait vœu de pauvreté, et qui mangeaient de si bonnes volailles? Que deviendront ces fières de Saint-Adhelme qu'avaient fait vœu de chasteté, et qui passaient la nuit avec deux jolies femmes pour s'aguerrir contre les tentations du diable; et les Jacobins, les Célestins, les Bénédictins, et tant, tant, tant d'autres qui s'engraissaient dans une douce oisiveté, tandis que l'peuple suait sang et eau pour les nourrir à rien faire... Que deviendront-ils tous ces bienheureux ? tu n'en sais rien, ni moi non plus ; et c'est encore une raison pour répéter

Qu'on m'blâme, etc.

Jadis, sitôt qu'un pauvre hère,
Tourmenté par le ministère,
Bavardait contr' l'autorité,
Sans jug'ment on l'mettait d'côté :
Sous la Charte (Bis), y cri' comme un âne
Qu'il faut qu'on l'condamne.

Allez donc vous y fair' mordre à présent. Sitôt qu'il y a quelques bêtises ; comme une arrestation arbitraire, un commissaire qui donne des coups de canne, et autres niaiseries pareilles, v'la les journaux qui font un vacarme, un bachanal, à croire que le feu est au quatre coins de Lisbonne ; et si ces dia-

4

bles de journaux finissent par arriver jusqu'à la reine, ça d'vient bête, vois-tu,
parce que la reine n'entend pas raillerie
sur ces petites plaisanteries-là ; a veut
la justice, toute la justice, et rien qu'la
justice : les juges groguent, ils envoient
promener les ministres : ça fait un gâ-
chis de tous les diables ; et voilà juste-
ment pourquoi, mon cher,

Qu'on m'blâme, etc.

Messieurs de la Sainte-Alliance,
Il est temps d'montrer votr' vaillance :
A coups d'sabre prouvez-leur bien
Qu'au bonheur ils n'entendent rien,
Ou j' suis sûr (Bis) que du Tage au Tibre
On tâch'ra d'êtr' libre.

Faites-y bien attention au moins : ces
maudites idées de liberté se faufilent
partout sans crier gare ; et, quand on
les aperçoit, elles vous ont déjà poussé

des racines, mais des racines d'une lon-
gueur qu'on vous a un mal diabolique
à les extirper. C'est bien assez que la
France et l'Angleterre aient fourré leur
nez dans cette maudite graine-là , sans
que le reste de la vieille Europe veuille
s'en mêler. Allons vite , en avant cent
mille hommes , deux cent, trois cent,
quatre cent mille hommes, s'il le faut;
et que, bon gré, mal gré, don Pedro re-
fourre bien vite sa charte dans sa poche.
Quant à moi, qui m'flatte d'être un malin ferré sur l'article du gouvernement
de la politique, je vous en préviens,
afin que vous sachiez à quoi vous en
tenir au sujet de cet article-là:

Qu'on m'blâme ou non, ça m'est égal ;
Moi j'n'aim' pas le roi d'Portugal.

LE MOULIN DE MATHELIN.

(HISTORIQUE.—1814.)

Air : Hermite, bon hermite.

De douces rêveries
Le cœur tout agité,
Sur des rives fleuries
J'errais en liberté,
Lorsqu'une voix plaintive,
Réveillant les échos,
Tint mon âme captive,
En murmurant ces mots·

Passans, Dieu vous bénisse,
Donnez à Mathelin,
Afin qu'il rebâtisse,
Qu'il rebâtisse
Son pauvre moulin.

Sous ses vieilles murailles
Mon esprit se forma ;
Du glaive des batailles,
La, mon père m'arma ;
Ce toit de l'indigence
Fut témoin tour à tour
Des larmes de l'absence,
Du bonheur du retour.
Passans, etc.

Là, par son badinage,
Fanchette m'égaya ;
Là, des maux du jeune âge,
Son amour me paya ;
Là, sur ma simple couche,
Dévoré de désirs,
Je puisai sur sa bouche
Cinquante ans de plaisirs.
Passans, etc.

Là, ma jeune famille
Dormait sur mes genoux,
Quand soudain l'éclair brille,
Et le Nord fond sur nous,

Mon cœur, qui se soulève,
A mon bras mutilé,
A dit : Saisis un glaive :
Et mon toit fut brûlé !
Passans, etc.

Près de mon domicile
Est un parc enchanté :
D'Oudinot c'est l'asile (1) ;
Le feu l'a respecté.
Pourtant il eut du trône
Plus qu'il n'avait perdu;
Moi, réduit à l'aumône,
On ne ma rien rendu.
Passans, etc.

Ses poutres enfumées
A mes yeux surpassaient

---

(1) Le parc superbe de JEND'HEURS, à une lieue
et demie du moulin de Mathelin, et à trois lieues
de Bar-le-Duc, appartient à Oudinot. Les alliés
l'ont regardé comme inviolable.

Les maisons parfumées
Où nos preux mollissaient.
D'ailleurs, aux jours prospères,
Ne fut-il pas jadis
Le tombeau dé mes pères,
Le berceau de mes fils?
Passans, etc.

O vous qui dans nos joûtes
Avez tant amassé,
Payez-moi quelques gouttes
Du sang que j'ai versé ;
De ma splendeur première
Ne veux rien recouvrir;
Rendez-moi ma chaumière,
Que je puisse y mourir.
Passans, Dieu vous bénisse!
Donnez à Mathelin,
Afin qu'il rebâtisse,
Qu'il rebâtisse
Son pauvre moulin.

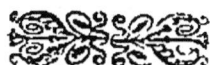

LE CHÊNE FRAPPÉ DU TONNERRE.

Air : Honneur aux enfans de la France.

Aux bords du Rhin j'ai vu naître un orage ;
Les aquilons sur nos champs l'ont vomi.
Tout est muet, tout tremble sous l'ombrage,
Et sur son roc l'aigle même a frémi.
La foudre éclate... Un dieu, dans sa colère,
A repoussé la dryade aux abois.
. Pleurez, pleurez, nymphes des bois ;
  Le Chêne est frappé du tonnerre !

Doux rossignols, dont sa mousse dorée
Fut la litière et le nid tour à tour,
Vous que vingt fois, sous sa feuille pourprée,
Il a sauvés des fureurs du vautour,
Fuyez ; j'entends cet oiseau sanguinaire
Qui, sur son bec, aiguise ses poignards.
  Où sont contre lui vos remparts ?
  Le Chêne est frappé du tonnerre !

Ils ont passé les rives de l'Averne,
Ces vieux rameaux cent fois vainqueurs des vents ;
Et, libre au fond de sa sombre caverne,
Éole enfin déchaîne ses enfans.
Quand grondera sa horde mercenaire,
Du voyageur quand le pas tremblera,
   Maintenant qui l'abritera ?
   Le Chêne est frappé du tonnerre!

Dès que la lune argentait nos campagnes,
Chaque beau soir aux plaisirs consacré,
Le fils des bois, la fille des montagnes,
Dansaient gaîment sous son dôme sacré ;
Même parfois sur ce tronc qu'on vénère,
Gentil bouton fut rose en un clin d'œil.
   Petits amours, prenez le deuil :
   Le Chêne est frappé du tonnerre !

Il va mourir ; et, semblable à Thersite,
Contre la mort, loin de le protéger,
De tous côtés le lierre parasite
De ses bienfaits cherche à se dégager.
Du vieil ami qui lui servit de père
Abandonnant jusqu'au dernier rameau,

Il ira caresser l'ormeau....
Le Chêne est frappé du tonnerre !

Le voyez-vous ce front noble et superbe
Qui tant de fois daigna nous ombrager ?
Le voyez vous ? il est tombé sur l'herbe,
Et le reptile est prêt à le ronger.
Arbres chétifs, qui rampiez jusqu'à terre,
Efforcez-vous de paraître plus droits,
   De la forêt vous voilà rois :
   Le Chêne est frappé du tonnerre!

Et toi, buisson, qui tant de fois peut-être
D'un œil d'envie admira sa splendeur,
Que ses revers t'apprennent à connaître
A quels dangers expose la grandeur;
Ne cherche plus à sortir de la sphère
Qu'à ton feuillage assigna le destin.
   Le roseau doucement s'éteint :
   Le Chêne est frappé du tonnerre !

PEUT-ON SAVOIR OU DIEU

NOUS CONDUIRA!

(COUPLETS PHILOSOPHIQUES.)

Air . Tu dors, Brutus.

Faibles mortels, jetés sur cette terre
Sans trop savoir ni pourquoi ni comment,
N'essayons point d'éclaircir ce mystère ;
Rions de tout, et voyageons gaîment.
Portons sans cesse une main peu timide
Sur chaque fleur que la route offrira.
Plus loin peut-être est un chemin aride ·
Peut-on savoir où Dieu nous conduira !

Où t'en vas-tu? dit-on au bon Ésope.
Je n'en sais rien, répond-il savamment.
Le guet à pied, qui soudain l'enveloppe,
Droit en prison le mène lestement.
Vous le voyez, dit-il alors, mon maître,

J'avais raison; chacun vous le dira :
J'allais aux champs, et j'arrive à Bicêtre :
Peut-on savoir où Dieu nous conduira !

Ah! si jamais jé debénais ministre,
Dit un Gascon, jé répousserais l'or.
Il y parvient... il enfle son registre;
Et le voilà qui prend et prend encor.
Sur nos discours, de peur qu'on nous moleste,
Ne disons rien, arrive que pourra.
Le cœur est droit, mais la main est si leste !
Peut-on savoir où Dieu nous conduira !

De nos héros exploitant l'héritage,
Un conquérant, l'effroi des potentats,
Voulut un jour que le Tibre et le Tage
Vinssent couler au sein de ses états.
Déjà sa voix retentit dans la plaine,
D'où le zéphir au Czar la redira ;
Mais du Kremlin il tombe à Sainte-Hélène :
Peut-on savoir où Dieu nous conduira !

Gros Matadors de la Sainte-Alliance,
Qui ballottez les peuples et les rois,
De vos congrès n'excluez point la France;

Daignez avoir des égards pour ses droits.
Quoique pour nous la paix ait bien des charmes,
Peut-être un jour cette paix finira;
Et si jamais nous réprenons les armes,
Peut-on savoir où Dieu nous conduira!

Les détracteurs de l'Église Romaine,
Qui, même entre eux, sont rarement d'accord,
Citent en vain l'abîme où l'on nous mène;
Moi, franchement, je n'en vois point encor,
Mais, à l'aspect de l'ultramontanisme,
Ainsi que moi tout Français s'écrira :
S'il prête, hélas! l'oreille au fanatisme,
Peut-on savoir où Dieu nous conduira!

Dans une église, une ci-devant vierge,
Sans barguigner, allant droit à son but,
De chaque main un jour offrant un cierge
A saint Michel, et l'autre à Belzébuth :
Ah! disait-elle, est bien fou qui se flatte
Qu'au paradis tout fin droit il ira;
Au diable même on doit graisser la patte
Peut-on savoir où Dieu nous conduira!

LUTÈCE.

Air nouveau de Reinasse,
Ou du Dieu des bonnes gens.

Phébus montait sur son char de lumière,
Ses rayons d'or condensaient les brouillards,
Quand, s'échappant du for de ma chaumière,
Sur la cité sont tombés mes regards.
Ses murs brillans, aux reflets de l'Aurore,
Resplendissaient de mille feux divers.
Ah! m'écriai-je, ah! Lutèce est encore
    Reine de l'univers !

Dans son enceinte on cherche en vain les trace
Des ouragans que le Nord a vomis :
Quelques printemps ont refleuri les places
Que flétrissaient les bronzes ennemis.
Les pas sanglans des hordes du Bosphore,
Nos monumens les ont tous recouverts
Ils sont debout, et Lutèce est encore
    Reine de l'univers !

Rome a ses pieds en vain mit cent couronnes,
A notre aspect sa gloire pâlira.
N'avons-nous pas dépassé les colonnes
Où son orgueil gravait : Nec plus ultra?
La Liberté, ce feu qui nous dévore,
N'a pu sauver son front du poids des fers.
Rome n'est plus, et Lutèce est encore
  Reine de l'univers!

De sa splendeur, rivales éphémères,
Qui d'entre vous pourrait la balancer ?
Voyez ces murs, ces temples, ces calvaires
Un Dieu lui seul pourrait les surpasser. —
Voyez ces tours que l'univers honore,
Dont les sommets semblent les rois des airs,
Vous vous taisez .. Ah! Lutèce est encore
  Reine de l'univers !

Là, nos enfans, instruits par la sagesse,
Sont exercés à des arts généreux ;
Là, l'or qui fuit des mains de la richesse
Va raffermir le bras du malheureux.
Plus loin, la paix rebâtit ou restaure
Nos vieux remparts minés par les hivers

L'airain y gronde, et Lutèce est encore
Reine de l'univers !

Après avoir appris à vos armées
L'art d'enchaîner aux combats les hasards,
Nos vieux géans à vos jeunes pygmées
Vont à présent enseigner les beaux-arts.
Venez, enfans de Thémis, d'Épidaure,
Et qu'en voyant leurs temples entr'ouverts,
Vous répétiez : Oui, Lutèce est encore
Reine de l'univers !

Comme Phénix, plus brillante et plus belle,
De sa poussière enfin elle renaît.
Vous, roitelets, qui croassiez contre elle,
Baissez les yeux : son disque reparaît.
L'Europe en vain, en des jours qu'on déploie,
Osa sourire au bruit de nos revers :
Pallas repose, et Lutèce est encore
Reine de l'univers !

TALMA N'EST PLUS !

Air de l'Hirondelle et l'Exilé.

D'automne au vain retardant sa puissance,
Dans nos climats respecte les beaux jours.
Des vents du nord la maligne influence
Quelques instans en vain supend son cours!
Plus de gaîté, plus de chansons légères,
De tous les cœurs le plaisir semble exclus ;
Je vois partout des voiles funéraires,
      Talma n'est plus ! (Bis)

Il n'a jamais, d'une voix insolente,
A cent combats traîné cent bataillons,
Jamais sa main, de carnage brûlante,
De flots de sang n'arrosa les sillons.
Jamais du poids de ses sanglantes armes
Il n'accabla mille peuple vaincus ;
Et l'on ne dit qu'en répandant des larmes,
      Talma n'est plus !

Qu'a-t-il donc fait ce mortel que l'on pleure
Pour mériter ce tribut de douleurs?
Et pourquoi donc, pourquoi sa dernière heure
Teint-elle en noir le rose de nos fleurs?
Vous le saviez, ô vierges du Parnasse!
Il vous devait sa gloire et ses vertus!
Apollon même a dit avec tristesse :
   Talma n'est plus !

J'ai vu s'enfuir, au jour de la tempête,
Lauriers, bonheur, sciences et beaux-arts :
Nos monumens, dépouillés de leur faîte,
Courbaient leur front devant les léopards.
Un homme seul de nos gloires antiques
Soutint alors les piliers vermoulus.
Dieu! gardez-nous des crises politiques,
   Talma n'est plus!

Quoi! cette voix et terrible et sonore,
De nos foyers disparue à jamais,
Sourde à nos vœux qui l'appellent encore,
Ne charme plus l'oreille des Français!
De ses douleurs la scène dévorée,
Ferme son sein à ses nombreux élus,

Et tout redit à la France éplorée,
    Talma n'est plus '

Vous qu'il parait d'une grâce divine :
Vous dont il fut l'espérance et l'orgueil,
Pleurez, pleurez, ô Corneille ! ô Racine !
Votre soutien habite le cercueil.
Fut-il jamais regrets plus légitimes !
Que de trésors n'avons-nous pas perdus '
Qui nous rendra vos chefs-d'œuvre sublimes ?
    Talma n'est plus !

Vous qui jadis l'entouriez sur la scène,
Trop faible espoir de ma patrie en pleurs,
Écoutant mieux la voix de Melpomène,
A votre tour moissonnez quelques fleurs.
Qu'en votre cœur un feu divin s'allume,
Et qu'éloignant des regrets superflus,
Nous puissions dire un jour sans amertume
    Talma n'est plus '

QUE NOUS SOMMES BÊTES.

Air de la Mécanique.

Nous avons tous beaucoup d'esprit,
Quand, dans notre jeunesse,
Un magister bien érudit
Nous cogne et nous redresse.
Quand de latin,
Soir et matin,
Il a bourré nos têtes,
Ça va bell'ment ;
Mais en naissant,
Ah! mon dieu, qu' nous somm's bêtes !

Nous avons tous beaucoup d'esprit,
Quand, près d'une maîtresse,
Nous mettons gaîment à profit
Notre petite adresse.
Sans nuls débats,
Jusqu'aux faux pas

Nous menons les fillettes ;
  Mais quand l'amour
  Nous tient un jour,
Ah! mon Dieu, qu' nous somm's bêtes!

Nous avons tous beaucoup d'esprit,
  Lorsque, le ventre à table,
Chacun mettant bas son habit,
  Donne le reste au diable.
    Foin des écus !
    On n'en veut plus :
  Nos fortunes sont faites ;
    Mais sommes-nous
    Aux derniers sous,
Ah! mon Dieu, qu' nous somm's bêtes!

Nous avons tous beaucoup d'esprit,
  Quand, dépassant les bornes,
Chacun et se moque et se rit
  Des chapeaux à trois cornes.
    Sur les marris
    D'être maris,
  Bon Dieu! que de sornettes!
    Mais quand l'hymen

Nous prend la main,
Ah ! mon Dieu, qu' nous somm's bêtes !

Nous avons tous beaucoup d'esprit,
　　Quand le joyeux Champagne,
A la fin d'un repas, jaillit,
　　Et nous met en campagne.
　　　Malins propos,
　　　Piquans bons mots
　　Animent nos goguettes ;
　　　Mais quand le vin
　　　Nous frappe enfin,
Ah! mon Dieu, qu' nous somm's bêtes !

Nous avons tous beaucoup d'esprit,
　　Lorsque, de nos ministres
Pour bien juger, il nous suffit
　　D'éplucher leurs registres.
　　　Nous attaquons,
　　　Nous critiquons
　　Les budjets, les recettes ,
　　　Mais lorsqu'au bout
　　　Nous payons tout,
Ah! mon Dieu qu' nous sommes bêtes!

Nous avons tous beaucoup d'esprit,
    Lorsque, pleins d'énergie,
Nous nous moquons, dans maint écrit,
    De Sainte-Pélagie.
      De prime abord
      Nous crions fort :
    Geolier, nos mains sont prêtes ;
      Mais passons-nous
      Sous les verroux,
Ah! mon Dieu, qu' nous somm's bêtes!

Nous avons tous beaucoup d'esprit,
    Tant que droits sur nos quilles,
En pitié regardant le lit,
    Nous marchons sans béquilles.
      Sur l'Achéron
      Et sur Caron
    Nous faisons des bluettes;
      Mais quand il faut
      Faire le saut,
Ah! mon Dieu, qu' nous somm's bêtes!

AUX ARMES!

CHANT GREC.

Air : Allons, mes belles, suivez-nous.

Allons, amis, sous les drapeaux ;   (Bis)
L'Aurore aux doigts de rose a doré nos coteaux.
J'entends l'airain frémir,
J'entends l'écho gémir ;
La foudre va jaillir :
Il faut vaincre ou mourir.
Ne versons plus de larmes ;
Il faut du sang pour laver tant d'affronts.
Aux armes! aux armes!
Vengeons-nous, ou mourons!

Missolonghi pétille encor ;
Portons à sa lueur et la flamme et la mort.

Les yeux de l'univers
Sur nous sont entr'ouverts ·
A force de revers,
Brisons enfin nos fers.
Ne versons plus de larmes ;
Il faut du sang pour laver tant d'affronts.
Aux armes ! aux armes !
Vengeons-nous, ou mourons !

J'entends le coursier hennissant ;
Voici venir, encor, l'étendard du Croissant.
Pour affranchir la Croix,
Frappons devant les rois
De cent morts à la fois
Nos tyrans aux abois.
Ne versons plus de larmes ;
Il faut du sang pour laver tant d'affronts.
Aux armes ! aux armes !
Vengeons-nous, ou mourons !

Il n'est plus temps de balancer :
Voyez les mille dards qu'ils sont prêts à lancer.
Marchons ; que nos enfans
Ne trouvent au printemps

Que les vieux ossemens
Des cruels Musulmans !
Ne versons plus de larmes ;
Il faut du sang pour laver tant d'affronts.
Aux armes! aux armes!
Vengeons-nous, ou mourons!

J'EN SUIS CHARMÉ.

(JEAN, SUIS CHARMÉ.)

MOT DONNÉ. — CALEMBOURG.

Air du vaudeville des Amazones.

A Pantin j'avais ma marraine,
Qui, sentant approcher sa fin,
Me dit: Jean, viens que je t'apprenne
A faire ici bas ton chemin.   (Bis)
Charmé, ton frère, à tout venant s'accroche.
En caponnant, des grands il est aimé.
Pour enfouir des gros sous dans ta poche,
Mon filleul Jean, suis ton frère Charmé.
      Mon cher Jean (Bis), suis Charmé (Bis).

Laisse là ces gens bestiasses,
Qui s'imaginent bonnement

Qu'il ne faut pour avoir des places
Que de l'esprit et du talent.
Charmé partout se faufile et circule;
Il fait partout l'empressé, l'enflammé ;
Il pousse, il heurte, il coudoie, il bouscule.
Mon filleul Jean, etc.

Au plus petit coup de tonnerre]
Je t'ai vu pleurant et tremblant;
C'est égal : si l'on fait la guerre,
Sois bien brave, ou fais-en semblant.
De vaillantise à force d'étalages,
Charmé, vois-tu, pour santé réformé,
Gagna la croix , en gardant les bagages.
Mon filleul Jean, etc.

Comme il sait qu'auprès d'une Altesse
Une femme a parfois beau jeu,
Près de mainte vieille comtesse
Le gaillard a filé son nœud.
S'il te conduit, pour assurer ta gloire,
Chez quelque nymphe au teint bien enfumé,
N'eût-elle plus de dents à la mâchoire,
Mon filleul Jean, etc.

Pour ne pas paraître aussi chargé,
Tu l'as vu, redoublant d'efforts,
Sous un ruban, bien long, bien large,
Masquer son maigre et petit corps.
Et bien, mon cher, ce fameux ruban rouge,
Qui le rend droit comme un I mal formé,
Ça s'est trouvé pas bien loin de Mont-Rouge.
Mon filleul Jean, etc.

Enfin, crois-en ta vieille amie:
Chez des commis ou des barons,
A Montmartre, à l'Académie,
Dans le grand monde, aux Porcherons,
Chez un banquier, ou bien chez un évêque,
Chez un braillard, ou chez un enrhumé,
Te mena-t-il enfin chez la L.......
Mon filleul Jean, suis ton frère Charmé.
    Mon cher Jean (Bis), suis Charmé (Bis).

LE BAL DE JUPITER.

Air : Voulez-vous passer, payez.

Quelques gouttes d'un vieux Bourgogne
Ayant mis JUPITER en train,
Avec l'accent d'un vieil ivrogne,
Il dit, empoignant un crin-crin : (Bis)
L'Univers est dans son assiette,
Chacun est sage à qui mieux mieux ;
C'est fort beau, mais c'est ennuyeux ;
Moi j'aime qu'on soit en goguette
  Allons vite, il faut danser,
    Que l'on chasse
    Et que l'on déchasse
  Allons vite, il faut danser,
Le grand branle va commencer.

Qu'ATTILA prenne une verlope,
Et qu'aidé par trois MOMUSIENS,

Le gaillard bâtisse une échoppe
Pour placer nos musiciens.
TAMERLAN, de crâne mémoire,
Allumera les lampions;
Et les CÉSARS, les SCIPIONS
S'écrîront : Qu'est-c' qui d'mande à boire?
   Allons vite, etc.

VIRGILE, ce roi des poetes,
Soufflera du turlututu;
ROMULUS aura les cliquettes,
Et BRUTUS le chapeau pointu.
La guimbarde est pour CHARLES IV,
Le tambour sera pour CATON;
Et pour jouer du mirliton,
TIBÈRE va se mettre en quatre
   Allons vite, etc.

MAHOMET vendra la piquette,
HIPPOCRATE le vieux cognac;
LUCRÈCE offrira la galette,
BAJAZET l'once de tabac; .
CLÉOPATRE, l'Égyptienne,
Percevra les petits écus,

Et les cachets seront vendus
Par CICÉRON et DÉMOSTHÈNE.
　　Allons vite, etc.

Les femmes étant assez rares,
Les hommes danseront entr'eux.
GENGISKAN, ce roi des Tartares,
Fera face à CADET-BUTEUX.
La MÈRE ANGOT, voilà la belle
Que je garde au grand MENZIKOFF;
Et je mets le vieux SOUWAROFF
Sous le bras de POLICHINELLE.
　　Allons vite, etc.

Quoiqu'il soit vigoureux, ingambe,
Je défends au grand VASHINGTON
De repasser un croc en jambe
A ce bon GEORGES le Breton;
Plus, je veux qu'une fois en place,
MIAULIS, joyeux et content,
Ne donne plus au GRAND SULTAN
D'autres coups de poing sur la face.
　　Allons vite, etc.

Malgré ce désir pacifique,
Dans le bal on se bouscula.
L'Europe, en voyant l'Amérique,
Fit un faux-pas, et chancela.
Bolivar culbuta l'Espagne ;
Sur Mahmoud tomba Canaris ;
Tandis que Jupin, presque gris,
Chantait, en battant la campagne :
    Allons vite, il faut danser,
        Que l'on chasse
      Et que l'on déchasse.
    Allons vite, il faut danser,
Le grand branle va commencer.

LA NEIGE.

(COUPLETS PHILOSOPHIQUES).

Air nouveau de M. Reinnass,
ou air de l'Étrangère.

Quoi! tu m'as dit, d'un ton glacé d'effroi,
Suivant des yeux ma plume chancelante :
La neige, hélas! est un sujet bien froid
Pour un auteur dont la verve est brûlante.
Souviens-toi donc, loin de te désoler,
Que des hivers affrontant le cortège,
    On a beau frissonner, trembler,
    Lorsque l'amour veut s'en mêler,
    On peut s'échauffer sur la neige! (Bis)

Les jeunes gens portent des fruits trop verts;
Tout est chez eux ou faiblesse ou manie;
Quand les cheveux blanchis par les hivers

Cachent souvent la flamme du génie.
Si Béranger (l'exemple est peu suspect),
Au sein de nous venait chercher un siége,
   Le cœur saisi d'un saint respect,
   On s'écrirait à son aspect :
   Que de feu caché sous la neige !

Lorsque jadis l'orage a dispersé
Nos doux épis et nos roses chéries,
Vingt potentats, de leur souffle glacé,
Deux ans de suite ont flétri nos prairies.
Si l'on foula les fleurs que tant j'aimais,
J'entends redire à Dieu qui nous protège :
   Du Nord les enfans désormais,
   De leurs manteaux, chez vous, jamais
   Ne viendront secouer la neige.

Mon cher, disait un fils des vieux Germains
A l'un des preux qu'a respectés la Loire :
Convenez-en, les rivaux des Romains
Sont trop enclins à parler de leur gloire.
Oui, répondit le moderne Bayard,
Le fait est vrai ; mais, vous observerai-je,

D'orgueil on peut avoir sa part,
Quand on a du mont Saint-Bernard
Aux pieds foulé la vieille neige.

Quand je te vois envahir mes carreaux,
Jetant les yeux sur notre vieille histoire,
Je me rappelle un temps où nos héros
Te sillonnaient des pas de la victoire
L'aigle français, prêt à tout surmonter,
Foulait aux pieds tout complot sacrilège
L'Univers n'a pu le dompter;
Il a fallu pour l'arrêter,
Les vents et la glace et la neige.

NOUS ALLONS OTER NOS HABITS.

(COUPLETS PHILOSOPHIQUES).

Air : Otez-vous de mon soleil.

Déjà le Champagne pétille,
La décence a fermé les yeux ;
La gaudriole qui frétille,
Nous lâche déjà des milzieux ! (Bis)
Montre-nous, ô ma Rosinette,
Ton teint de lis et de rubis ;
Ote ton chapeau, ma brunette,
Nous allons ôter nos habits. (Ter.)

Laissons dormir la politique ;
Des ministres ne disons rien ;
De ces grands Messieurs la tactique
Fléchit devant l'épicurien.
D'ailleurs, de leurs galanteries

Comment serions-nous ébaubis ?
Que ferions-nous de broderies ?
Nous allons ôter nos habits !

Dorés sur toutes les coutures,
Vicomtes, marquis et barons,
Foin de vos hautes aventures !
Les plus nobles sont les plus ronds.
Ici, messieurs les bons apôtres,
Malgré vos illustres habits,
Vous ne seriez pas plus que d'autres,
Nous allons ôter nos habits !

Toi, qui des légions bretonnes
A trente ans combattu les preux ;
Qu'avec lenteur tu déboutonnes
Ton uniforme encor poudreux !
Ne regrette pas les varices
Qui couvrent ses pans refourbis ;
Nous verrons mieux tes cicatrices,
Nous allons ôter nos habits !

Des modes, arsenaux grotesques,
Jeunes sots, lestes et pimpans,

Dont les vêtemens pédantesques
Partout font rire à vos dépens ;
Parfois votre élégante mise
Cache un linge malpropre et bis.
Munissez-vous d'une chemise,
Nous allons ôter nos habits.

Et toi, dont l'orgueil se décore
D'une étoile de chevalier,
A nu l'on aperçoit encore
Les empreintes de ton collier.
De peur que ton cou ne constate
Les stigmates qu'il a subis,
Assujétis bien ta cravatte,
Nous allons ôter nos habits !

Mais laissons là nos chansonnettes,
Trop chanter devient un défaut :
Voyez ces aimables brunettes,
Et devinez ce qu'il leur faut.
Déjà leur haleine de rose
Nous embrâse de feux subits ;
Pour commencer par quelque chose,
Nous allons ôter nos habits !

MONSIEUR RUFFIN.

CHANSONNETTE.

Air : En mariage ma mère,
ou Il fait si chaud.

Ruffin, c'est ainsi qu'on nomme
L'monsieur qui loge ici d'sous.
Il a l'air honnête et doux ;
Mais méfiez-vous,
C'est vraiment un singulier homme.
Il a si faim, si faim, si faim,
Ah ! quell'faim
A c'monsieur Ruffin. } (Bis)

Une place fructueuse
Près d'un certain monseigneur ;
Une place d'inspecteur,
Une de censeur,
Ça n'suffit pas pour sa dent creuse.
Il a si faim, etc.

Lui qui tonnait sur les r'gistres
Dont l'budjet est escorté,
Maint'nant qu'il est dépité,
    Plein de fermeté,
Il n'a des yeux qu'pour les ministres
Il a si faim, etc.

L'arbitraire l'effarouche,
Que'q'fois y veut le r'fuser;
Mais on sait le maîtriser;
    Dès qu'il veut jaser,
Crac un dindon lui ferm' la bouche,
Il a si faim, etc.

Quand la France a des déboires
Parfois y veut s'chagriner;
Mais lui qui n'saurait jeûner,
    Faut-il s'étonner
Qu'y s'laiss' conduir' par les mâchoires?
Il a si faim, etc.

Tout sout'nir à l'aventure,
C'est très-fatigant, dit-y,
Son estomac en pâtit,

Et son appétit
Veut s'régaler d'un'préfecture.
Il a si faim , etc.

Que la France aill' droit ou cloche,
C'est c'qui gên' parfois ses yeux ;
Mais il n'est plus soucieux ,
    Tout va pour le mieux
Quand d'cinq heur's il entend la cloche.
Il a si faim , etc.

L'ambition le domine :
Aussi, dit-il sans détour,
Qu'il mourra s'il n'est un jour
    Ministre à son tour ,
Afin d'gouverner..... la cuisine.
Il a si faim , etc.

D'puis qu'il s'est fait pamphlétaire
Pour avoir de quoi mâcher ,
Dans l'papier qu'on l'voit gâcher ,
    Y n'peut s'empêcher
D'mordre Rousseau, d'ronger Voltaire.
Il a si faim , etc.

Rien n'apaise sa souffrance ;
Il mangerait derechef
Places, trésors, châteaux, fief.
Milliard ; enfin bref,
Dix comm'lui dévor'raient la France.
Il a si faim, si faim, si faim,
Ah ! quell'faim
A c'monsieur Ruffin. } (Bis)

JE SUIS FRANÇAIS !

Air : Garde-la bien.

Je suis Français,
Le sort ne peut m'abattre .
Un vrai soldat le craignit-il jamais?
Je sais aimer, je sais boire et combattre :
Je ne dis pas si j'adore Henri-Quatre,
Je suis Français ! (Bis)

Je suis Français,
Et parfois infidèle ;
Peut-on chérir toujours mêmes attraits?
Chez l'étranger, si je guette une belle,
Un mot suffit pour vaincre la rebelle,
Je suis Français!

Je suis Français,
J'aime à voir du Champagne
Le jus divin susciter nos hauts faits

Versez, versez, le plaisir m'accompagne,
Pour le sabler, sans battre la campagne,
    Je suis Français !

    Je suis Français,
    Et cette croix chérie
De mon courage atteste les succes.
Lorsqu'il combat pour son roi, sa patrie,
Chaque soldat est vainqueur et s'écrie :
    Je suis Français !

    Je suis Français,
    J'entends l'airain qui tonne
Salut, drapeaux ; adieu, trop douce paix
Objets chéris, qu'il faut que j'abandonne.
Ceignez mon front d'une double couronne,
    Je suis Français !

BAJAZET ET TAMERLAN.

Air : De Philoctète.

Sur cette cage où languit Bajazet,
Veuf à son tour des trônes de l'Asie,
Faisant servir le miel et l'ambroisie,
A son repas Tamerlan lui disait :
La main du Ciel à la fin t'abandonne ;
Que pouvais-tu seul contre l'Univers ?
O Bajazet ! te voilà dans les fers ;
Et Tamerlan foule aux pieds ta couronne !

Qui plus que toi jamais eût été grand,
Si tes sujets, sous ton règne prospère,
T'eussent donné le beau titre de père,
Et non celui de prince conquérant ?
Mais à ta voix l'airain qui toujours tonne,
A décimé vingt peuples tour à tour.
Tu conquis tout, excepté notre amour ;
Et Tamerlan foule aux pieds ta couronne !

Le fer en main, à ton char trop pesant,
Pendant vingt ans attelant la victoire,
Tu te trompas, et tu pris pour la gloire
Quelques lauriers arrosés par le sang;
Mais de ce fer, la foudre qui résonne
(Aux conquérans immortelle leçon !)
N'a dans tes mains laissé que le tronçon;
Et Tamerlan foule aux pieds ta couronne!

Tant que ton bras, enchaînant les revers,
A de Thémis soutenu la balance,
Dix rois en vain voulant briser ta lance,
Ont contre toi soudoyé l'Univers!
Mais tout à coup, aveuglé par Bellonne,
Nous accablant du poids de tes exploits,
Tu mis ton glaive à la place des lois;
Et Tamerlan foule aux pieds ta couronne!

A ton orgueil quand tu t'abandonnas,
Tu te flattas d'asservir ta patrie:
La liberté, son idole chérie,
C'était ta mère, et tu la détrônas.
De ton palais cette noble colonne
Te fit ombrage, et ta main la brisa;

Mais en tombant sa chute t'écrasa ;
Et Tamerlan foule aux pieds ta couronne !

Comme il parlait, le sort capricieux ,
En le frappant des foudres de la guerre,
Près du rival qu'il insultait naguère,
A fait tomber son front audacieux.
A cet aspect, quoi ! peuple, tu frissonnes?
Bénis les dieux, au lieu de les blâmer ;
Nul de ces rois n'a su se faire aimer ;
Et le destin foule aux pieds leurs couronne

MARENGO.

Aux de nos soldats les palmes de la gloire.

Toi dont le front trahit les cicatrices,
Bon voyageur, arrête ici tes pas.
Quel âge as-tu ? — J'ai 5o ans de services,
Et dès 15 ans je volais aux combats. —
Es-tu Français ? — Je vais porter en Grèce
Le noble fer qu'ébrécha Waterlo. —
Sais-tu quel sol ton pied foule et caresse ?
Incline-toi, c'est ici Marengo !

Te souviens-tu de ce mortel auguste,
Qu'avec orgueil cite encor le Français :
Les fils du Nil l'appelaient *Sultan-Juste* :
Nous l'honorions sous le nom de Désaix.
Ah ! disait-il, au sein de la souffrance,
Le seul regret que me laisse Clotho,
C'est d'en avoir trop peu fait pour la France.
Incline-toi, c'est ici Marengo !

7

Reconnais-tu cette plage immortelle
D'où le tonnerre un jour s'est élancé,
Combien de fois l'Europe trembla-t-elle
Devant l'orage en ces lieux amassé.
Pour s'étourdir, de ce champ de victoire
Les rois en vain ont bâillonné l'écho,
Dieu sur l'airain a gravé notre histoire.
Incline-toi, c'est ici Marengo !

N'est-ce pas là qu'un jour l'aigle superbe,
Foulant aux pieds le pacte de nos droits,
Leva son front long-temps caché sous l'herbe,
Et le ceignit du bandeau de nos rois.
Mais pour mourir sur les bords de la Loire,
Pourquoi quitter le rivage du Pô ?
Ici du moins tout reflétait sa gloire.
Incline-toi. c'est ici Marengo !

Là, ce géant, cet Atlas de notre âge
Qui, de son nom, fatigua l'univers,
Donnant l'essor à son jeune courage,
Du monde entier rêvait déjà les fers :
Plus tard, hélas ! ce nouvel Alexandre,
Contre un pavois échangea son drapeau ;

Mais l'Océan a dévoré sa cendre.

Incline-toi, c'est ici Marengo !

Incline-toi, jamais champ de bataille,

Depuis mille ans, ne l'a mieux mérité.

Là nos soldats, criblés par la mitraille,

Tombaient au cri : Vive la liberté !

D'un or vénal jamais leur main flétrie

N'a marchandé le prix de leur tombeau ;

Ils sont tous morts, oui morts pour la patrie.

Incline-toi, c'est ici Marengo !

ADIEUX
A MON HAMEAU NATAL.

(ANCERVILLE, DÉPARTEMENT DE LA MEUSE.)

Air *du Carnaval de Béranger.*

GENTIL hameau, toi qui vis mon jeune âge,
Fleurs que foulaient jadis mes premiers pas,
Bosquets, témoins de ce doux badinage,
Qui fait rougir, mais qui n'offense pas :
Petit ruisseau, qui, cent fois dès l'aurore,
Par mes ébats vit entraver son flux,
Que je vous voie et vous revoie encore :
Peut-être, hélas, ne reviendrai-je plus!

Ils sont passés les beaux jours d'amourette ;
Ma chevelure est prête à grisonner :
Le temps qui vole et jamais ne s'arrête,
M'a dit : vieillard, tu n'as plus qu'à glaner.
Dans ces bosquets où règne le mystère,

Pour endormir des regrets superflus,
Rosette, encore un voyage à Cythère :
Peut-être, hélas, ne reviendrai-je plus !

Bon villageois, sur les rives lointaines
Périt un peuple enfant de Jésus-Christ ;
Des rois chrétiens, loin de briser ses chaînes,
Offrent du fer à ceux qui l'ont proscrit.
En vain Byron vole en Grèce et succombe :
De son pays ses restes sont exclus.
Moi, de Byron je prétends voir la tombe,
Peut-être, hélas, ne reviendrai-je plus !

Dans ces palais, dont Lutèce est si fière,
Le sombre ennui voltige nuit et jour :
Quand la gaîté, préférant la chaumière,
Sur une gerbe a fixé son séjour.
Sur l'édredon, où l'opulence baille,
Le bon ton veut que l'on semble perclus :
Nous, mes amis, roulons-nous sur la paille ·
Peut-être, hélas, ne reviendrai-je plus !

Là, pour servir jadis a mon batème.
Une fontaine a deserte les bois :

Là, de mon cœur ces jolis mots, *je t'aime,*
Se sont enfui pour la première fois.
Faunes malins qui, sous ce vert feuillage,
Avez compté vingt siècles révolus,
Daignez sourire à mon enfantillage,
Peut être, hélas, ne reviendrai-je plus!

Gentil écho, dont la voix indiscrète
A trop redit mes chants de liberté,
Ne sais-tu pas qu'une oreille secrette
Écoute tout, et tout est rapporté;
Ne sais-tu pas qu'aux rives de la Seine
Pour peu de chose un auteur est reclus:
Et des auteurs la prison n'est pas saine:
Peut-être, hélas. ne reviendrai-je plus!

De mon esquif en caressant la poupe,
Le doux zéphir me convie au départ.
De l'étrier que l'on verse la coupe:
Jeunes et vieux. prenez-en votre part.
Quant aux chagrins, que Bacchus les arrose,
C'est le moyen d'en forcer le reflux.
Ne ménageons ni le fruit, ni la rose.
Peut être, hélas, ne reviendrai-je plus

L'HIVER.

(COUPLETS PHILOSOPHIQUES.)

Air *nouveau de M. Reinnass, ou air de la Catacoua.*

L'HIVER est sur le point d'exclure
Mille plaisirs de nos climats.
L'aquilon de sa chevelure
Bientôt secoûra les frimats :
Mais quand ses rigueurs alarmantes,
 Sur notre front
 Résonneront :
 A ses horreurs,
 A ses fureurs,
 Vite opposons
 Fillettes et tisons,
Et passons des heures charmantes
 A tisonner
 Et chiffonner.

Qu'en tourbillons la neige vole,

Qu'elle fouette nos vitraux,

Que nous fait sa rage frivole,

Brisera-t-elle nos carreaux ?

Que par ses vapeurs écumantes

    Chaque flacon

    Fonde un flocon ;

    Que les bouchons,

    Par nos fanchons,

    Lancés aux cieux,

  Épouvantent les dieux,

Et passons des heures charmantes

    A tisonner,

    Et chiffonner.

Si du ciel fuyant les outrages.

Quelques oiseaux, transis de froid,

Venaient béqueter nos vitrages,

N'en ressentons aucun effroi.

Éole, en vain tu les tourmentes :

    Sous notre toit,

    On rit de toi ;

    Sous les linons

    De nos ninons.

Ah ! rendons-leur
Et roses et chaleur,
Et passons des heures charmantes
    A tisonner,
    Et chiffonner.

Sur la glace, quand on patine,
Parfois en dépit des autans,
Grâce à l'Amour on y butine
Encor plus de fleurs qu'au printemps.
Faufilons sous gentilles mantes,
    Un doigt hardi
    Plus qu'engourdi ;
    Que la beauté
    Mise en gaîté,
    Sans y penser,
  Soit conduite à glisser :
Et passons des heures charmantes
    A tisonner,
    Et chiffonner.

Si les vents ravageant la terre,
On ne peut plus, dans les bosquets,

Contre les roses de Cythère,

Echanger de gentils bouquets ;

Que de punch nos coupes fumantes,

Portent aux cœurs

Des coups vainqueurs ;

Que des flacons

Que nous choquons

Les joyeux sons

Embrâsent nos chansons.

Et passons des heures charmantes

A tisonner,

Et chiffonner.

Enfin, si de neige ou de glace,

Tout se hérisse autour de nous,

Auprès du feu que chacun place

Une femme sur ses genoux.

Puisons sur ses lèvres aimantes

Mille plaisirs,

Mille désirs,

Qu'un doux larcin

Fait à son sein,

Porte en nos seus
Des feux toujours naissans :
Et passons des heures charmantes
A tisonner,
Et chiffonner.

LE DÉLIRE BACHIQUE.

Air de la Grande Orgie.

Tant que le vin ira son train,
        Faudra boire,
        A sa gloire ;
Car il nous tient, ce vin
        Divin,
Sans bois, sans charbon, sans réchaud,
        Chaud.

        Dans nos climats,
        Sous nos pas,
    Lorsque les noirs frimas
    Ont vomi les orages.
        Le verre plein
        A la main,
    Bravons jusqu'à demain
    L'hiver et ses nuages.
Tant que le vin, etc.

Si des gazons,
Des vallons,
Les fougueux Aquilons
Ont détruit les prestiges.
Contre les fers
Des hivers
Des pampres toujours verds
Il nous reste des tiges.
Tant que le vin, etc.

Un coffre fort,
Bien plein d'or,
Ne donne point encor
Une santé constante ;
Mais du Pomard,
Le nectar
Rend dispos et gaillard :
Voilà ce qui me tente.
Tant que le vin, etc.

Foin du jaloux,
En courroux.
Qui de gloser sur nous,
Soir et matin s'applique ;

Epicurien,

Prendre en bien .

Chaque jour comme il vient :

Voilà ma politique.

Tant que le vin, etc.

D'un vain honneur

Qu'un auteur,

Dans sa bouillante ardeur,

Conçoive l'espérance ;

Bien plus adroit,

Moi, je boi,

Et n'aspire ma foi

Qu'à me remplir la panse.

Tant que le vin, etc.

Ces conquérans,

Qu'on dit grands,

Ont versé par torrens

Le sang de leurs phalanges ;

Moi, plus humain

Quand le vin

S'échappe sous ma main,

Je suis vraiment aux anges.
Tant que le vin, etc.

Quand par devoir,
Un beau soir,
Dans le sombre manoir,
Je ferai la culbute ;
En gai luron,
Toujours rond,
Bah ! dirai-je à Caron :
Attends une minute.

Tant que le vin ira son train,
Faudra boire
A sa gloire ;
Car il nous tient, ce vin
Divin,
Sans bois, sans charbon, sans réchaud,
Chaud.

LA PENSÉE.

Air du *Prince Eugène.*

Dans un jardin attenant au Parnasse,
M'étant un jour par malice introduit,
Combien de fleurs, disais-je avec audace,
Vont sous mes pas tomber en ce réduit;
De cet espoir, l'âme gaîment bercée,
Dans les bosquets je m'avance en chantant;
Mais Béranger les quittait à l'instant :
    Je n'ai trouvé qu'une pensée!
        Qu'une pensée!

Quand de ton sein, zéphir trahit les roses,
Quand ton haleine embrâse tous mes sens,
Lise, mon cœur, songeant à bien des choses,
N'ose exprimer ses desirs impuissans;
Si je parlais, ta pudeur offensée
Me punirait d'un mot audacieux

Bois dans ma coupe et regarde mes yeux,
    Tu devineras ma pensée !
        Ma pensée !

Rois, voulez-vous sous un règne prospère,
Marcher l'égal des Titus, des Henri ;
Desirez vous que le doux nom de père
Vous soit donné par un peuple chéri ;
Des courtisans, que l'âme intéressée
N'entrave plus vos généreux projets,
Prêtez l'oreille, et de tous vos sujets
    Sachez pénétrer la pensée !
        La pensée !

Toi qui certain que la chair est fragile
Soutiens les pas des chrétiens égarés :
Ton noble cœur a compris l'*Évangile*
Et Dieu sourit à tes accens sacrés ;
Mais toi, mortel, dont la voix courroucée,
Blâme chez nous ce qu'à l'or tu permets :
Éloigne-toi, non, non, tu n'as jamais
    De l'Éternel su la pensée !
        La pensée !

8

Ce sujet-là, dont j'ai fait mon idole
Est au-dessus du caprice des grands :
Et s'il n'était trahi par la parole,
Il se rirait du courroux des tyrans.
Un conquérant, dans sa rage insensée,
Répand en vain ou la mort ou les fers,
Son bras terrible, effroi de l'univers.
 Ne peut enchaîner la pensée !
  La pensée !

O ma pensée ! ô fleur tant joliette,
Dont le parfum est si doux aux mortels,
Tu méritais que muse gentillette
Te consacrât des refrains immortels ;
Pourtant ma muse, encor mal exercée,
Prendrait peut-être un essor moins pesant,
Si Béranger disait en la lisant :
 Ah ! que n'ai-je eu cette pensée !
  Cette pensée !

LES SONGES.

(COUPLETS PHILOSOPHIQUES.)

Air *du Carnaval de Béranger.*

Des feux du jour, la chaleur dévorante
Devant la nuit a fui de toutes parts,
Et de ses fils, guidant la troupe errante,
Le vieux Morphée envahit nos remparts.
A mon aspect, dit-il, que la souffrance
Dépose enfin son sceptre rigoureux :
Songes légers, enfans de l'Espérance,
Couvrez de fleurs le lit du malheureux!

Cherchez ces toîts si voisins des orages
Où le talent, pauvre ou persécuté
En soupirant esquisse ces ouvrages.
Orgueil futur de la postérité,
Que par vos soins, il rêve que la France

Couronne enfin ses efforts généreux ;
Songes légers, enfans de l'Espérance,
Couvrez de fleurs le lit du malheureux !

Puis visitez l'ombrage tutélaire,
Où quelques Grecs des autans abrités,
En s'endormant, frémissent de colère,
Au souvenir des fers qu'ils ont portés ;
Ah ! donnez-leur la tant douce assurance,
Que tous les rois vont se croiser pour eux.
Songes légers, enfans de l'Espérance,
Couvrez de fleurs le lit du malheureux !

Planez après sur ces sombres repaires,
Où le génie, un instant égaré,
Voit remplacer le berceau de ses pères,
Par le cachot aux forfaits consacré ;
Que grâce à vous, du jour de délivrance,
Au sein des nuits sonne le timbre heureux.
Songes légers, enfans de l'Espérance,
Couvrez de fleurs le lit du malheureux !

Volez ensuite en cette humble chaumière,
Où le sergent que chanta Beranger,

Pense aux beaux jours où sa couche premiere,
Fut les drapeaux conquis sur l'étranger ;
Ah ! qu'à ses yeux, l'onde de la Durance
Réflète, au moins, l'étoile de nos preux.
Songes légers, enfans de l'Espérance,
Couvrez de fleurs le lit du malheureux!

Volez enfin sur ce lit de misère,
Que tant de gloire un jour environna,
Là, sans trembler, un nouveau Bélisaire
Va rendre à Dieu ce que Dieu lui donna ;
En vain des rois la sombre intolérance
Creusa sa tombe en des climats affreux.
Songes légers, enfans de l'Espérance,
Couvrez de fleurs le lit du malheureux!

C'EST BIEN PLUS FACILE.

(CHANSONNETTE.)

Air : *La bonne Aventure.*

Pour me fournir des couplets
  Ma muse inhabile,
Ayant sans trouver d'sujets
  Couru tout' la ville,
J'ai r'habillé tout bonn'ment
Un refrain vieux et piquant,
  C'est bien plus facile
    Vraiment
  C'est bien plus facile !

Je n'sais pourquoi chaqu' maman
  D'Paris la grand' ville,

Veut qu'sa fille en grandissant
Devienne incivile.
Donner dans un cas pressant
Un coup d' main à son amant,
C'est bien plus facile
Vraiment,
C'est bien plus facile !

Combattre pour ses foyers,
En nouvel Achille,
Se couronner de lauriers
C'est bien difficile.
Ramasser en l'outrageant
Ceux qui tomb't du front d'un grand,
C'est bien plus facile
Vraiment,
C'est bien plus facile !

Se r'passer un coup d' fleuret
Me semble inutile,
S'tirer des coups de pistolet

C'est d'un imbécille.'
Avant d'aller sur le champ
S'embrasser en déjeûnant,
C'est bien plus facile
Vraiment,
C'est bien plus facile !

Lorsque l'objet de nos feux
Pour Jean quitte Émile,
Au lieu d' s'arracher les cheveux
Vers une autre on file.
Et a' peur du même accident
En deux volum's on la prend,
C'est bien plus facile
Vraiment,
C'est bien plus facile !

Jadis par rivalité
Mainte plume habile,
Enfantait avec gaîté
Piquant vaudeville,
Mais on déchire a présent
Ceux dont on n'a pas l'talent,

C'est bien plus facile
 Vraiment,
C'est bien plus facile !

Si tant de petits acteurs
 D'un renom futile,
Deviennent des aboyeurs
 Même au Vaudeville ;
C'est qu'au lieu d'âme et d' talent
Brailler fort même en chantant,
 C'est bien plus facile
 Vraiment,
C'est bien plus facile !

Voulez-vous savoir pourquoi
 Notr' santé défile
C'est qu'près des tendrons, ma foi,
 On s'tient peu tranquille ;
C'est qu'au lieu d' prendre un lav'ment,
 Boir' Champagne ou Frot tignant,
 C'est bien plus facile
 Vraiment,
 C'est bien plus facile !

LE MOYEN D'ÊTRE HEUREUX

(CHANSONNETTE.)

AIR : *De la mère Picard.*

Pour embellir les chemins de la vie,
Chantons Bachus, et Momus et l'Amour ;
Et qu'en tout temps l'aimable folie
A nos plaisirs préside chaque jour.
Douce gaîté n'est pas dans la richesse,
Las ! ce n'est rien que d'enchaîner Plutus :
De bons amis, vins vieux, jeune maîtresse
Sont au dessus des trésors d'un Crésus.
Pour embellir etc...

Recherchons-nous les faveurs d'une belle,
Elle dit non, éteignons nos desirs ;
Un peu plus tard une autre moins cruelle

Par ses faveurs doublera nos plaisirs,
   Pour embellir etc...

N'imitons pas ces buveurs aquatiques,
Qu'on voit frémir à l'aspect d'un tonneau,
Fuyons surtout ces auteurs romantiques
Dont les écrits sont morst dès le berceau
   Pour embellir etc...

Fuyons aussi ces suppôts d'Esculape,
Qui, trop souvent entr'ouvrent les tombeaux,
N'avons-nous pas dans la divine grappe
Le baume exquis, expulsant tous les maux?
   Pour embellir etc...

Le jour enfin où l'inflexible parque,
Nous enverra rejoindre nos aïeux;
Chantons encor en passant dans la barque
Quelques refrains bachiques et joyeux.
   Pour embellir le chemin de la vie,
Chantons Bachus, et Momus et l'Amour;
   Et qu'en tout temps l'aimable folie
A nos plaisirs préside chaque jour.

MON PÈRE

(COUPLETS PHILOSOPHIQUES.)

Air : *Du Carnaval de Béranger ;*
ou du pauvre Suisse.

Pour célébrer ce jour qui nous rallie,
Ne sachant trop comment je m'y prendrais
Ce matin même il m'a pris fantaisie
D'aller d'mander à quelqu'un des couplets :
C'est un ami j'connais son savoir faire,
A lui l'pompon pour tourner l'sentiment,

V'la qu'est dit, et je grimpe au 7e. au-dessus de
l'entresol, rien que ça ; les auteurs logent toujours
près du ciel et des tuiles. — Pan, pan. — Qu'est là ?
— C'est moi. — Pousse ; je pousse et j'entre. —
Ah ! c'est toi ! quel hasard, — N'y a pas d'hasard là-
dedans, je viens tout exprès. — Assieds-toi sur le

pied du lit, mes chaises sont chez le tourneur, et dis-moi ce que tu veux. — Des couplets pour la St.-Paul. — Ah ! je t'entends mauvais sujet, c'est quelque petite ou grande Pauline... — Il n'est pas question de Pauline là dedans, et puisque tu ne peux pas deviner ce qu'il me faut, tout malin que tu es, je te dirai qu'il me faut des couplets ; vu et attendu que...

C'est aujourd'hui la fête de mon père
Arrang'moi ça pour qu'il en soit content, (bis),

Dis-lui d'abord que ma reconnaissance
De ses bontés garde le souvenir ,
Qu'en ce moment à mon cœur sa présence
Fait éprouver l'ivresse du plaisir :
Que j'aime à voir sa joyeuse carrière
Se prolonger gaîment et doucement.

Dis lui... Eh bien qu'est-ce qu'il faut lui dire encore ? trouve moi ça, toi qui sais si bien aligner le sentiment en vers de huit ou dix pieds de long, c'est ton affaire. — Attends, veux-tu que je lui dise que tant qu'une goutte de sang circulera dans tes vei-

nes... — Eh non. pas de bêtises, tu me fait parler
là comme un héros de mélodrame ; est ce que tu
crois que nous jasons comme ça avec notre père.
— Eh bien comment jasez-vous donc ?, — Comment,
et parbleu ! nous l'embrassons de bon cœur ; nous
lui donnons une bonne poignée de main , et nous
lui disons rondement : Eh bien , cher père, comment va la santé. — Bien, bien. — Tant mieux ,
ventrebleu ! encore cinquante ans comme cela , et
vive la joie , tu vois donc bien que...

C'est aujourd'hui la fête de mon père ,
Arrang'moi ça pour qu'il en soit content. (bis).

Et puis ensuite il faudrait dire encore
Que c'est pour nous, plaisir toujours nouveau ,
Quand nous voyons reparaître l'aurore
D'un jour de fête est si doux et si beau ;
D'un pareil jour, que notre âme et si fière ,
Que de nos vœux nous l'implorons souvent...

Que... — Attends donc un peu, tu dis toujours
nous. est-ce que vous êtes plusieurs enfans ? — Oui.
— Et tu es l'aîné ? — Pas du tout. — Tant pis. —

Pourquoi , tant pis ? — C'est que dans les couplets j'aurais parlé du droit d'aînesse. — Laisse-moi donc tranquille avec ton droit d'aînesse , c'est bon pour ceux qui n'ont pas le temps d'aimer tous leurs enfans , mais chez nous autres pauvres gens , qui vivons de notre travail , ça ne se passe pas comme ça. Notre père nous aime tous autant l'un que l'autre, et en revanche, nous l'aimons tout aussi bien, et aussi fort les uns que les autres ; ainsi envoie promener ton droit d'aînesse, et pour le surplus rappelle toi que...

C'est aujourd'hui la fête de mon père,
Arrang'moi ça pour qu'il en soit content. (bis).

Et puis enfin, tache aussi de lui dire :
Que le seul vœu que nous formions ici
Serait de voir le destin lui sourire ,
Et l'exempter de peine et de souci ;
Puisse ce jour, qui si bien nous sait plaire .
Long-temps encor nous réunir gaîment :

Puissent d'aussi bons convives que ceux d'aujourd'hui, l'embellir chaque année de leur présence ; puisse le soleil mûrissant d'excellens raisins, nous en

voyer pour cette époque des vins encore meilleurs
que celui-ci, quoique celui-ci ne soit pas mauvais :
puissent les femmes être aussi aimables que celles
ci, ce qui sera difficile, à moins que ce ne soit les
mêmes; puisse enfin notre bon père trinquer encore
d'une main ferme avec nous pendant long-temps,
et la paix et la bonne union ne jamais s'exiler du
sein de sa famille, voilà monsieur le feseur de couplets, ce qu'il faut que tu me rafistoles à ta manière,
et surtout n'oublie pas que...

C'est aujourd'hui la fête de mon père,
Arrang'moi ça pour qu'il en soit content,

Imprimerie de Plassan, rue de Vaugirard, n. 15.

E CAFÉ.

Air: *Oui* *bas monde est une comédie*

C'est au café que l'on fait ses affaires,
C'est au café que l'on perd son argent
En avalant deux ou trois petits verres;
C'est au café qu'on se ruine gaîment.

C'est au café que des rois de la terre
On va régler les droits et les budgets,
C'est au café qu'on discute la guerre,
C'est au café qu'on discute la paix.

C'est au café que plus d'une innocente,
Baissant les yeux à côté d'un grivois,
Fait la modeste, et met encore en vente
Certain bouquet qu'elle a vendu vingt fois.

C'est au café qu'une jeune fillette,

9

Grâce aux liqueurs qu'on lui fait boire exprès,
Cédant enfin à l'Amour qui la guette,
Perd l'innocence et trouve les regrets.

C'est au café qu'un milord d'Angleterre,
Sur son Wailly n'ayant pas jeté l'œil,
Un certain soir disait : Célibataire,
Je demandai hun bouteille à cercueil.

C'est au café que plus d'un pauvre hère,
Tous les matins d'un air assez tranchant,
Vient demander un verre d'eau bien claire,
Tous les journaux, et puis un cure-dent.

C'est au café que nos jeunes critiques,
Estropiant de leur mieux le français,
De nos auteurs tragiques et comiques
Vont décider la chute ou le succès.

C'est au café que plus d'un journaliste
Pour compléter son maigre feuilleton,
De ses dîners en consultant la liste,
Vante un pied-plat qui n'a rien fait de bon.

Oui maintenant , oui c'est la mode en France ,
Le verre en main et de punch échauffé ,
Traité de paix , de guerre et de finance ,
Même l'amour, on fait tout au café.

MA MUSE.

Air : *Du pan pan bachique.*

Le couplet m'amuse,
Le bon vin me rend
Content,
Et toujours ma muse
S'égaie en chantant.

Le fumeux Champagne,
Le joyeux Espagne,
Près de ma compagne,
M'inspirent les bons mots ;
Et la chansonnette,
Qu'ici je répète,
Fut écrite et faite
En face de vingt brocs.
Le couplet, etc.

Béranger m'inspire,

Vadé me fait rire,
Piron en délire
Me suit même en dormant ;
De leur poétique,
Le flambeau magique
Est le vrai topique
Qui me rend bien portant.
Le couplet, etc.

Quand je suis à table
Avec femme aimable,
Qu'un vin délectable
Coule avec un doux bruit,
Désaugiers m'anime
Du pan pan sublime
Qu'il sut mettre en rime ;
Et je dis avec lui :
Le couplet, etc.

Cherchant la fillette,
Alors que seulette,
Loin de sa chambrette,
Elle court au hasard ;
Pour charmer la belle,

Lui prouver mon zèle,
Je chante auprès d'elle
Ces vers qu'eût dit Panard:
Le couplet, etc.

Que maint journaliste,
Consultant sa liste,
Poursuive à la piste
Les dîners d'un acteur;
Moi j'aime mieux faire,
Près de ma bergère,
Plus chétive chère,
Et n'être point flatteur.
Le couplet, etc.

Loin de moi la gêne
Loin de moi la peine,
Quand de Melpomène
J'applaudis le talent.
J'aime de Thalie
La philosophie,
Sa douce folie
M'instruit en badinant.
Le couplet. etc.

Malgré la tactique
Et la politique
Du moine hérétique
Qui les condamne aux feux,
Tartufe et Voltaire,
On aura beau faire,
Resteront sur terre
Pour dessiller les yeux.
Le couplet, etc.

Si femme jolie
Se dit votre amie,
Que par jalousie
Vous ne l'en croyez pas,
Loin de fuir Cythère,
Pour aimer et plaire,
Il faut au contraire
Chanter entre ses bras :
Le couplet m'amuse,
Le bon vin me rend
Content,
Et toujours ma muse
S'égaie en chantant.

E. D. et H. M.

BONSOIR L'AMOUR,
BONJOUR LE VIN.

(CHANSONNETTE.)

AIR : *Savez-vous, mam'selle Suzon.*

J'AI tant fait l'amour jadis
A Suzon, Lise, ou Thérèse,
Que presque aux abois je vous dis,
Mesdames, ne vous en déplaise,
A présent l'on m'agace en vain,   (*bis.*)
Bonsoir l'amour, bonjour le vin ! (*bis.*)

J'étais bête au temps passé,
Je courais après les belles;
Mais mon zèle est bien émoussé;
J'en ai trouvé tant de fidèles
Qu'à présent l'on m'agace en vain,
Bonsoir l'amour, bonjour le vin !

En prenant fille à quinze ans

Je la croyais encor sage ,
Mais son oiseau depuis long-temps
Avait déjà quitté sa cage.
A présent l'on m'agace en vain ,
Bonsoir l'amour, bonjour le vin!

Que de fois sur un tendron
Portant des mains libertines
Je crus rencontrer un bouton
Et ne trouvai que des épines.
A présent l'on m'agace en vain,
Bonsoir l'amour, bonjour le vin !

Chez mainte belle aux yeux doux
Où je passais la soirée ,
Quand je mangeais la soupe aux choux ,
Parfois elle etait si poivrée ,
Qu'à présent l'on m'agace en vain,
Bonsoir l'amour, bonjour le vin !

Parmi les minois charmans
Qui d'amour m'ont rendu blême ,
De la plus sage en fait d'amans
J'étais déjà le dix-neuvième.

A présent l'on m'agace en vain,
Bonsoir l'amour, bonjour le vin !

Adieu donc, objets trompeurs,
Ne frappez plus à ma porte ;
Cherchez de grands benêts ailleurs,
Et que le diable vous escorte.
A présent l'on m'agace en vain,
Bonsoir l'amour, bonjour le vin !

LES CANONS.

(COUPLETS PHILOSOPHIQUES.)

Air : *Du magistrat irréprochable.*

Amis du vieux vin qui pétille,
Ici je vous ouvre mon cœur,
Sachez qu'on fut, dans ma famille.
Toujours bon vivant, bon buveur ;
Quelque soient vos humeurs chagrines,
Je suis sûr qu'en paix nous vivrons ;
Puisque vous aimez les chopines,
Vous devez aimer les canons.

Mes ancêtres aimant à boire,
Par Bacchus toujours attirés,
Du vin bu perdaient la mémoire,
Et toujours étaient altérés ;
Ils avaient l'habitude en route
De s'arrêter pour gorgeonner,

C'est depuis ce temps-là, sans doute,
Qu'on se sert du mot canonner.

Chaque mortel a sa faiblesse,
Et je vous dirai sans micmac
Que la mienne, je le confesse,
Fut toujours pour le bon tabac ;
Aussi, quand je prisais naguère
Vous trouviez mon tabac fort bon,
Et quand j'ouvrais ma tabatière
Vous aimiez la poudre à canon.

Jadis j'étais assez solide,
Je sens que je le suis encor ;
Qui me prendrait pour invalide
A coup sûr se tromperait fort ;
Et chacun sait sur cette terre,
Pour peu qu'il ait de la raison,
Que pour jeter un homme à terre,
Il n'est rien de tel qu'un canon.

Jadis à plus d'une maîtresse
On me vit apprendre cela,
Et n'en déplaise à la jeunesse

Pour cela je suis toujours là ;
Sachant encor prouver ma flamme,
Quand je suis auprès d'un tendron ,
Je fais dire à plus d'une femme
Que j'aime les coups de canon !

Jadis ma voix était plus nette ,
A présent elle m'a quitté ,
Aussi je vais battre en retraite ;
Mais grâce à ce que j'ai chanté,
Eût-il l'intelligence étroite,
Aucun de vous , malgré mon nom ,
D'une seringue maladroite
Ne me prendra pour le canon.

LA LUMIÈRE.

(MOT DONNÉ.)

Air : *Du vaudeville de l'Avare.*

Amis, chantons de la lumière
Les avantages si parfaits ;
Que deviendrait l'homme sur terre
Privé de ses nobles bienfaits ?
Dans le chaos, dans la misère
Vivrait encor le genre humain,
Si de Dieu la puissante main
N'eût un jour créé la lumière.

Les ténèbres ont quelques charmes
Pour deux amans, jeunes époux ;
Au plaisir s'ils rendent les armes,
Leur bonheur est encor plus doux ;
Mais lorsque, nous offrant un verre,
Bacchus vient nous charmer soudain ,

Pour juger si ce verre est plein
De quel prix nous est la lumière !

Quand du lien du mariage
On subit l'effrayante loi,
L'on doit, c'est un parti fort sage,
Fermer les yeux autour de soi.
Heureux alors qui n'y voit guère !
Des époux tel soit le destin,
Pour le repos du genre humain,
Hymen, ôte-leur la lumière.

D'intrigans, la machine ronde
Fourmille. O coup d'œil ennuyeux !
En coquins cette terre abonde.
Mes chers amis, fermons les yeux.
Près de ce sexe fait pour plaire,
Dont les yeux sont vifs et malins,
Amis, bénissons les destins
Qui nous ont donné la lumière !

BAPTÊME D'UNE CLOCHE.

(BODVILLE-SOUS-LE-VAL. EURE.)

Air : *De Colette.*

Pour recevoir un sacrement,
Le bronze, soit dit sans reproche,
Doit se trouver assurément
Fort content de devenir cloche ;
Et pour le rendre encor plus fier,
S'il ne survient quelque anicroche,
Je vais vous entonner un air
Sur les qualités de la cloche.

Les cloches , on le sait partout,
Ont certainement du mérite ;
Mais comme chacun a son goût,
C'est le mien qu'ici je vous cite.
Or, n'étant pas fort pour jeûner,
J'aime assez , quoi que l'on en dise,

Lorsque la cloche du dîner
Succède à celle de l'église.

Petit banquet et bons amis,
Soutiens et charme de la vie,
Vous qu'ici je vois réunis
Au gré de ma plus douce envie,
Je suis si fou de vos faveurs
Que jamais, j'en jure à mes proches,
Pour courir après les honneurs
Mes pieds n'attraperont des cloches.

N'oublions pas dans ces couplets
D'en consacrer un à la gloire
D'une cloche dont les gourmets
Ne perdront jamais la mémoire :
Le melon que je vois là-bas
Prouverait que ma chanson cloche,
Si je ne vous rappelais pas
Qu'il a mûri sous une cloche !

LA PARESSE.

(CHANSONNETTE.)

Air : *De la Casquette.*

FILLE jolie est tout pour moi,
Je le dis sans façon, mesdames,
Heureux près d'agaçant minoi,
Je solde mon tribut aux femmes.
J'aime à chanter la liberté,
L'amitié, le vin, la tendresse;
Je suis dans mon jour de gaîté,
Je vais vous chanter la paresse,
    La paresse !

Si pendant la nuit un larron,
Quand parfois je suis en voyage,
M'arrête, et d'un coup de bâton
M'estropie et me dévisage;
Tout bas je pleure mon destin,

Et dis , maudissant son adresse ,
S'il eût dormi jusqu'au matin ,
Je rendrais grâce à sa paresse,
    Sa paresse !

Un mien ami , vrai bas-Normand ,
Vint se fixer dans cette ville ;
Il prit femme au minois charmant,
Peut-on être plus imbécile !
On rit de lui , l'on fit très bien ;
Car la belle dans son ivresse ,
Autre part formant doux lien ,
Le réduisit à la paresse ,
    A la paresse !

Jeunes beautés , on fait la cour ;
On dit : J'aime , et l'on est volage.
Je ris quand les doigts de l'amour
Ajustent un joli corsage.
Ma Lisette fait beaucoup mieux ;
Elle est si simple , ma maîtresse ,
Le seul charme de ses beaux yeux
M'inspire une douce paresse !
    Douce paresse !

Quelques mortels que j'ai connus
Dans un triste et pauvre délire,
Se croyaient enfans de Phebus,
Et leur manie était d'écrire.
Combien il en est sous les cieux
Qu'agite une pareille ivresse :
Pauvres gens ! qu'ils feraient bien mieux
De s'en tenir à la paresse,
    A la paresse !

Pour nous, amis, qui d'Apollon
Conjurons parfois les malices,
Songeons que le sacré vallon
Est entouré de précipices.
Répétons ce joyeux refrain
Sur les bords rians du Permesse :
S'agit-il d'aller prendre un bain,
Donnons son compte à la paresse,
    A la paresse !
            E. D. et H. M.

MES PLAISIRS.

(COUPLETS PHILOSOPHIQUES.)

AIR : *Le bien vient en dormant.*

C'EST un voyage que la vie,
Il faut en égayer le cours,
Trop souvent la haine et l'envie
Viennent empoisonner nos jours.
Mais quand une fille, une épouse
Vont tour à tour partager nos loisirs,
On peut braver la fortune jalouse :
Voilà désormais mes plaisirs !

Si loin de vous dans ma folie
J'ai long-temps cherché le bonheur,
Qu'aujourd'hui votre cœur oublie
Et mon absence et mon erreur :
Puisque la vie est passagère,
Vous rendre heureux au gré de vos désirs,

De douces fleurs semer votre carrière;
  Voilà désormais mes plaisirs !

  Ce n'est pas hors de son ménage
  Que l'on trouve des jours heureux ;
  Mais l'expérience rend sage ,
  Et mon destin n'est plus douteux.
  Dans mon cœur un nouveau jour brille ,
J'ai retrouvé mes jeunes souvenirs ;
Vivre tranquille au sein de ma famille ,
  Voilà désormais mes plaisirs !

  Une lointaine jouissance
  N'attirera plus mes regards ,
  Et près de vous, de l'existence ,
  Je saurai braver les hasards.
  Qu'on m'applaudisse ou qu'on murmure ,
Pour éviter de tristes repentirs ,
Les tendres soins qu'exige la nature ,
  Voilà désormais mes plaisirs !

  Pour moi, combien de jours de fête
  Se préparent dans l'avenir ;
  Celle de mon bon père est prête ,

Ah ! j'ai bien su m'en souvenir !
Puissent des fleurs fraîches écloses
Le couronner au gré de ses désirs,
Sur son chemin semer toujours des roses;
Voilà désormais mes plaisirs !

Au milieu de la troupe heureuse
De mes amis, de mes enfans,
Ah ! combien mon âme est joyeuse,
Je me crois dans mes jeunes ans :
Daignez partager mon ivresse ,
Plus de soucis, de chagrins, de soupirs,
Nous rendre heureux et nous chérir sans cesse:
Voilà désormais nos plaisirs !

LE SANS SOUCI.

(COUPLETS IMPROVISÉS.)

Air : *Du vaudeville de M. Guillaume.*

Depuis long-temps, et n'en sais trop la cause.
J'étais plongé dans un chagrin nouveau,
  Je n'effleurais pas une rose,
Et dans mon vin je mettais beaucoup d'eau.(*bis.*)
Le ciel vit bien que ma perte était sûre
  S'il en était toujours ainsi ;
Il me donna pour calmer ma blessure
  Le nom de sans souci.

De ce nom seul, admirez l'influence,
Il me fallut sitôt du Chambertin ;
  Je me permis la contre-danse,
Et je lorgnai fillette à l'œil mutin.
De mes succès auprès de cette belle
  Je dois vous taire le récit ;

Car vous savez qu'il n'est point de rebelle
    Aux vœux d'un sans souci.

Je suis parfois amant de la bouteille,
Je suis parfois amant de la beauté,
    Et j'aime à cueillir sous la treille
Roses d'amour avec fleurs de gaîté.
Je suis Français, et ce nom qui m'honore
    Aisément doit prouver ici
Que je saurai, s'il faut combattre encore,
    Combattre en sans souci !

Mon cœur promet à la triste indigence
Tous les secours que doit l'humanité ;
    A la faiblesse, l'indulgence ;
    A mes amis, toujours la vérité.
Sexe charmant. mon cœur vous rend les armes,
    Ah ! daignez m'accueillir aussi ;
Car le mortel qui dédaigne vos charmes
    N'est jamais sans souci !

En parcourant les phases du voyage
Sachons braver la crainte du trépas,
    Puisque la vie est un passage

Semons partout des roses sous nos pas.
Si quelque jour enfin la mort s'approche,
Et vient me crier : Me voici,
Je répondrai : J'ai vécu sans reproche,
Et je meurs sans souci !

LES BERGERS DE SYRACUSE.

(CHANSONNETTE.)

Air : *Du Dieu des bonnes gens.*

Oui, c'en est fait, j'abandonne le monde,
J'ai trop long-temps envié ses grandeurs,
Et je prétends, dans une paix profonde,
Fouler aux pieds ses prestiges trompeurs.
De ses aïeux, imitant la conduite,
   Saint Augustin, pour déroger,
Un beau matin, prit le froc d'un ermite
   Moi, je me fais berger. (*bis.*)

Éloignez-vous, nobles pleins d'arrogance :
Éloignez-vous, rimailleurs ennuyeux ;
Orgueil, fierté, sottise, impertinence,
Vous n'avez point de temples en ces lieux.
Éloigne-toi, politique sévère,
   Et qu'enfin l'on puisse juger

Que c'est vraiment le paradis sur terre
    D'être nommé berger.

Sexe charmant, dans mon humble ermitage,
Vous dicterez toujours vos douces lois.
A l'univers qui sait vous rendre hommage,
En votre honneur je veux joindre ma voix.
J'implore, Amour, le prix de ma tendresse,
    Ordonne pour me protéger
Que chaque instant, auprès de ma maîtresse
    Soit l'heure du berger.

Mon cœur sans cesse a chéri sa patrie,
J'aime à la voir goûter enfin la paix,
Et cependant j'exposerais ma vie
Pour soutenir l'honneur du nom français.
Que l'airain tonne et gronde sur nos têtes,
    On verrait au sein des dangers,
En fers vengeurs se changer les houlettes
    De tous les vrais bergers !

Je sais fort bien que la Parque incivile
Doit tôt ou tard nous décocher ses traits :
Nous la bravons en ce riant asile ;

Qui vécut bien peut mourir sans regrets.
En vains projets n'allons pas nous morfondre
   Pour des triomphes mensongers,
Puisque la mort tour à tour doit confondre
    Les rois et les bergers !

Mais tout-à-coup ma faible voix s'arrête ,
Sans aucun droit je crains de m'arroger
Le noble nom que jadis , chez Admète ,
Prit Apollon en se nommant berger.
Puisse mon zèle être ici mon excuse ,
   Messieurs, c'est à vous de juger,
Si nonobstant mon impuissante muse
    Je puis être berger !

LE TAMBOUR.

Air : *Rlan tan plan tire lire.*

Il était un p'tit enfant,
  Rli rlan rlan tan plan
  Tire lire en plan,
C'était l'fils d'un vieux sergent
Qui s'battait comme un diable.

  La chose est admirable.
  Pourtant elle est croyable ;
Un jour le p'tit garnement,
  Rli rlan rlan tan plan
  Tire lire en plan,
Aperçut en combattant
  Au milieu d'une affaire,

  Une vieille bannière
  Qui restait en arrière.
Le gaillard au même instant .

Rli rlan rlan tan plan
Tire lire en plan,
Met soudain flamberge au vent,
Et s'élanc' comme un' bombe.

Sur l'enn'mi, v'là qu'il tombe;
Tout s'enfuit, tout succombe;
On l'apprend au régiment,
Rli rlan rlan tan plan
Tire lire en plan,
Et chacun l'air triomphant
L' caress' quand il débarque.

On en instruit l' monarque
Qui dit : Je veux qu' pour marque
De ce haut fait éclatant,
Rli rlan rlan tan plan
Tire lire en plan,
Sur son cœur au même instant
La croix d'honneur se place.

Mon Dieu, l'heureuse audace,
Dit tout l' mond' qui l'embrasse,
Et moi qui n' suis qu'un enfant,

Rli rlan rlan tan plan
Tire lire en plan,
Ventrebleu ! j' vous l' dis franch'ment,
J' voudrais être à sa place.

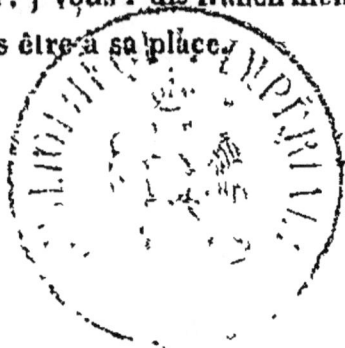

❧❧❧